¿Quiere

'Les daré un

(Ezequiel 36:26)

Peter Walker

www.paraservirle.weebly.com

Para Tammy y Temple

Y también para ti, lector

Introducción

¿Estás cansado? ¿Desearías poder empezar la vida de nuevo?

¿Desearías poder retractarte de las cosas que dijiste y de las que hiciste?

¿Tienes el corazón roto?

¿Te han hecho daño y desearías poder olvidar?

¿Has hecho daño a otros y desearías poder olvidar?

Jesús, que es Dios, ha venido a la tierra para salvarte. Él tomó todo nuestro pecado, dolor y daño, y murió con ellos en la cruz.

Jesús resucitó de entre los muertos y te ofrece –*hoy*– una nueva vida, un nuevo comienzo. Te ofrece el perdón de tu pecado y también sanar de lo que otros te han hecho.

¿Quieres una vida nueva?

A Solas Con Dios

Necesitamos tomar un camino diferente.
Necesitamos quedarnos a solas con Dios.

Tal vez hoy tengas la oportunidad de hacerlo.
Es muy sencillo, pero también puede ser una
decisión difícil de tomar.

Por ejemplo, tus amigos pueden llamarte para ir
a algún sitio. Puede que no sea una buena idea
ir. Este es un momento perfecto para elegir un
camino diferente. Puedes simplemente quedarte
en casa, o ir solo a otro sitio.

Cuando nos tomamos un momento para estar
a solas con Dios, Jesús se encuentra con
nosotros. Pero tenemos que elegir hacerlo.
Tenemos que sacrificar algo para ello.

Tenemos que decir *'no'* a algo, y *'sí'* a Jesús.
Tenemos que quedarnos a solas con Él a
propósito.

**¿Puedes quedarte a solas con Dios? ¿Dónde
y cuándo puedes hacerlo?**

¿A qué puedes decir que *'no'* para poder
quedarte a solas con Dios durante un rato?

Jesús Te Encuentra Allí

Cuando nos tomamos un momento para estar a solas con Dios, Jesús se reúne con nosotros por medio de Su Espíritu.

Jesús vino a darnos **una nueva vida** y **un nuevo camino en la vida**. ¿Lo deseas? ¿Lo necesitas?

Comienza con tu elección. Tienes que elegir a Jesús. Tienes que querer la vida que Él te ofrece.

También necesitas estar dispuesto a dejar de hacer cosas que sabes que están mal, que son pecaminosas. Esto se llama 'arrepentimiento'.

¿Estás haciendo algo que necesites dejar de hacer?

Puede ser intimidante dejar de hacer ciertas cosas, o dejar de reunirse con la gente. Puedes sentirte solo. Pero así es como nos quedamos a solas con Dios. Nos alejamos de la gente y de las cosas que no están bien. Y, en ese punto, Jesús se encuentra con nosotros por medio de Su Espíritu.

¿Puedes sentir Su Espíritu contigo ahora?

Deja Entrar a Jesús

'Mira que estoy a la puerta y llamo. Si alguno oye mi voz y abre la puerta, entraré, y cenaré con él, y él conmigo'. (Apocalipsis 3:20)

Si estás preparado para dejar entrar a Jesús, aquí tienes una oración que puedes hacer ahora.

Oración:

Querido Jesús, te necesito. Necesito una nueva vida. Necesito un nuevo camino en la vida. Por favor, ayúdame.

Jesús, he hecho cosas que están mal. Me arrepiento de ellas. Te pido que perdones mi pecado. Te pido que me ayudes a no hacer más esas cosas. Te pido que me des un nuevo camino, Tu camino.

Jesús, por favor sana mi corazón roto. Por favor, dame un nuevo espíritu, un nuevo corazón.

Jesús, por favor, ábreme un nuevo camino. Por favor, ayúdame a conocer a otros seguidores de Jesús, y a construir una nueva vida contigo.

Oro en el nombre de Jesús, ¡amén y amén!

Avanzando

Amigo mío, si has orado y pedido a Jesús Su perdón, Su nueva vida, ¡Él te ha salvado!

Esto es cierto, ¡lo ha prometido! Mira lo que dijo:

'Ciertamente les aseguro que el que oye mi palabra y cree... no será juzgado, sino que ha pasado de la muerte a la vida'. (Juan 5:24)

¡Has entrado *a una nueva vida en Jesús!*

Fíjate también en este versículo:

'Vengan a mí todos ustedes que están cansados y agobiados, y yo les daré descanso'. (Mateo 11:28)

Has venido a Jesús, y Él está ahora contigo. Él te ha salvado. Ha puesto Su Espíritu en ti. Te ha hecho Su hijo.

'Ustedes ya son hijos. Dios ha enviado a nuestros corazones el Espíritu de su Hijo'. (Gálatas 4:6)

Ahora es el momento de empezar a caminar con Jesús por este nuevo camino de vida.

Confianza

Ahora, amigo mío, el primer paso que debes dar es un paso de confianza. Necesitas confiar en Jesús.

Esto es algo profundo. Está en lo más profundo de tu corazón.

No sabes realmente a dónde te va a llevar Jesús, y tal vez tienes un poco de miedo. Por ejemplo, ¿vas a perder amigos? ¿Vas a perder dinero o un lugar donde quedarte?

No te preocupes.

Si avanzas en este nuevo camino que pertenece a Jesús, Él está contigo.

Así que si sabes que no debes ir a algún sitio, o reunirte con ciertas personas, ¡no lo hagas! Quédate donde estás o ve a algún lugar donde puedas estar con gente buena. O, simplemente, ve a un lugar donde puedas estar a solas con Dios.

Jesús te bendecirá por esto. Jesús proveerá todo lo que necesites – *comida, refugio, buenas personas.*

Si confías en Jesús y lo sigues, Él te bendecirá.

¿Puedes hacerlo? ¿Lo harás? Confía en Jesús.

Discúlpate

¿Hay alguna persona buena que conozcas –como un familiar o un amigo– que pueda ayudarte?

Tal vez necesites pedirles perdón por haberles hecho daño. Tal vez necesites pedirles perdón por haberles robado.

A veces hay personas en nuestra vida que podrían ayudarnos, pero les hemos hecho mal. Pensamos que no tenemos a nadie, pero en realidad sólo tenemos que pedir perdón a algunas personas. Si lo hacemos, nos ayudarán, estarán ahí para nosotros.

¿Hay alguien bueno en tu vida, alguien que sabes que te quiere y en quien puedes confiar? ¿Hay alguien a quien puedas acudir y pedirle ayuda?

Una vez, un chico me dijo que no tenía a nadie, ni a dónde ir. Pero luego pensó durante un minuto y dijo, *"Bueno, si le pido perdón a mi abuela, sé que me dejaría quedarme con ella".*

Lo llevé a casa de su abuela. Se disculpó con ella en la puerta, y ella lo acogió para que empezara de nuevo.

<u>¿Necesitas ayuda?</u>

¿Tal vez tienes un problema con las drogas?
¿Tal vez un problema de robo, o de sexo y
relaciones?

¿Necesitas desintoxicarte? ¿Necesitas ayuda?

Ayudé a una señora a entrar en un programa
que iba a ser de 9 meses. Tomó un mes
para que entrara en el programa, y mucho
dinero y tiempo. Lo dejó después de un día.
Simplemente, se marchó y se fue. Perdí mucho,
y ella también.

¿La gente ha tratado de ayudarte, pero tú has
desperdiciado su ayuda? Tal vez necesites
pedir perdón por esto.

Si necesitas ayuda, tienes que ser fuerte
para conseguirla. Necesitas estar 100%
comprometido.

Jesús puede darte esta fuerza en tu corazón, en
tu cuerpo. Si oras y le pides a Jesús la fuerza,
Él te la dará.

Después, di a un amigo, a un miembro de la
familia, a un trabajador social o a un oficial de
libertad condicional, que estás listo para obtener
ayuda. Estás listo para desintoxicarte.

Este es un gran paso. Puedes darlo. Jesús está
contigo.

Tiempo a Diario con Dios

Jesús está contigo *TODO* el día, todos los días. Pero necesitamos apartar algún tiempo para estar a solas con Él.

Todas las mañanas me tomo una taza de café y me siento en silencio con Jesús durante unos 10 minutos. Leo un poco de la Biblia y oro. Le susurro. Este es mi momento especial con Él.

Ahora bien, oro varias veces durante el resto del día. Pero eso es diferente. Es tiempo con Jesús *'en el camino'*, si sabes lo que quiero decir.

Es importante encontrar 5 o 10 minutos cada día para sentarse a solas con Jesús y pasar un tiempo especial con Él.

Las siguientes 10 páginas son para ayudarte a hacerlo. Cada página te da un versículo para leer, un espacio para escribir tus pensamientos y una oración para repetir.

Si haces estas 10 páginas durante los próximos 10 días, verás cómo suceden cosas en tu vida. Llegarás a conocer mejor a Jesús y lo verás moverse en tu vida.

¿Estás listo para empezar? ¿Estás listo para crecer? ¿Tienes un bolígrafo listo?

Bien, vamos...

Día 1: <u>PAZ VERDADERA</u>

'La paz les dejo; mi paz les doy. Yo no se la doy a ustedes como la da el mundo'. (Juan 14:27)

¿Qué piensas de este versículo? Escríbelo aquí:

<u>Oración:</u>

Querido Jesús, por favor, dame Tu tipo de paz. Por favor, dame paz como un río en mi alma. Necesito la paz de Dios. En el nombre de Jesús, ¡amén!

Día 2: ARREPENTIMIENTO

'Si ustedes me aman, obedecerán mis mandamientos'. (Juan 14:15)

¿Qué piensas de este versículo? Escríbelo aquí:

Oración:

Querido Jesús, ayúdame a obedecer Tus mandamientos. Ayúdame a alejarme de las cosas y las personas equivocadas. En el nombre de Jesús, ¡amén!

Día 3: <u>IGLESIA</u>

'Porque donde dos o tres se reúnen en mi nombre, allí estoy yo en medio de ellos'.
(Mateo 18:20)

¿Qué piensas de este versículo? Escríbelo aquí:

<u>Oración</u>:

Querido Jesús, ayúdame a reunirme con otros cristianos cada semana. Ayúdame a encontrar una buena iglesia y dame fuerzas para ir. En el nombre de Jesús, ¡amén!

Día 4: SABIDURÍA

'(…) a trabajar con sus propias manos. Así les he mandado, para que (…) no tengan que depender de nadie'. (1 Tesalonicenses 4:11-12)

¿Qué piensas de este versículo? Escríbelo aquí:

Oración:

Querido Jesús, por favor ayúdame a encontrar un trabajo honesto. Ayúdame para que alguien confíe en mí, y dame la oportunidad de trabajar y ganarme la vida. En el nombre de Jesús, ¡amén!

Día 5: <u>DIGNO DE CONFIANZA</u>

'Cuando ustedes digan "sí", que sea realmente sí; y cuando digan "no", que sea no'. (Mateo 5:37)

¿Qué piensas de este versículo? Escríbelo aquí:

<u>Oración</u>:

Querido Jesús, ayúdame a ser honesto. Ayúdame a decir la verdad para que la gente pueda confiar en mí. En el nombre de Jesús, ¡amén!

Día 6: <u>MENTE SANA</u>

'Por último, hermanos, consideren bien todo lo verdadero, todo lo respetable, todo lo justo, todo lo puro, todo lo amable, todo lo digno de admiración, en fin, todo lo que sea excelente o merezca elogio'. (Filipenses 4:8)

¿Qué piensas de este versículo? Piensa en las cosas que ves en Internet, que miras en tu teléfono, la música que escuchas... Escribe tus pensamientos aquí:

<u>Oración:</u>

Querido Jesús, ayúdame a apartar la mirada de las cosas malas, a pensar y hablar de las cosas verdaderas, a llenar mi corazón y mi mente de bondad. En el nombre de Jesús lo pido, ¡amén!

Día 7: <u>DESCANSO PARA TU ESPÍRITU</u>

'El Señor es mi pastor, nada me falta; en verdes pastos me hace descansar. Junto a tranquilas aguas me conduce; me infunde nuevas fuerzas'. (Salmo 23)

¿Qué piensas de este versículo? Escríbelo aquí:

<u>Oración</u>:

Querido Señor Jesús, gracias por darme descanso. Gracias por llevarme a lugares tranquilos para poder estar a solas contigo. En el nombre de Jesús, ¡amén!

Día 8: <u>ERES AMADO</u>

'Antes de formarte en el vientre, ya te había elegido; antes de que nacieras, ya te había apartado. Tengo planes buenos para ti'.
(Jeremías 1:5; 29:11)

¿Qué opinas de este versículo? Escríbelo aquí:

<u>**Oración:**</u>

Querido Jesús, gracias por Tu amor por mí. Gracias por Tus buenos planes para mí. Quiero caminar siempre contigo. En el nombre de Jesús lo pido, ¡amén!

Día 9: ¡ACCIÓN!

'Por tanto, todo el que me oye estas palabras y las pone en práctica es como un hombre prudente que construyó su casa sobre la roca'. (Mateo 7:24)

¿Qué piensas de este versículo? Escríbelo aquí:

Oración:

Querido Jesús, ¡quiero seguirte en serio! Quiero poner mi fe en acción y construir una vida fuerte como cristiano. Te pido ayuda para hacerlo, en el nombre de Jesús, ¡amén!

Día 10: <u>LA BIBLIA</u>

'Ustedes andan equivocados porque desconocen las Escrituras y el poder de Dios'. (Mateo 22:29)

¿Qué piensas de este versículo? Escríbelo aquí:

<u>Oración:</u>

Querido Jesús, ayúdame a leer la Biblia y a entenderla realmente con el poder de Dios. Haz que sea fácil de leer y ayúdame a recordarla. Lo pido en el nombre de Jesús, ¡amén!

Palabras Finales

¿Necesitas una Biblia? Te sugiero que vayas a una iglesia cercana y les preguntes si te pueden dar una, o si puedes comprar una.

Pídeles una que sea fácil de leer.

¡Por favor, da pasos para seguir a Jesús! Ve a la iglesia cada semana, si puedes. Aleja a la gente mala de tu vida. Saca el 'contenido' malo de tu vida – como la pornografía, las malas películas, la mala música.

Pídele a Dios que te guíe hacia gente buena que sigue a Jesús. Lee tu Biblia todos los días, ora y adora. Consigue buena música de adoración y escúchala, canta con ella.

Consigue un trabajo que sea bueno. Que no sea un trabajo de noche o en un lugar inseguro, si puedes.

Toma buenas decisiones. Confía en Jesús. Camina con Él. Ora y cántale. Su Espíritu Santo está en ti. Ahora eres un hijo de Dios. Él te guiará siempre.

Dios lo ha prometido,
'Yo te guiaré siempre'.

(Isaías 58:11)

Para más información sobre seguir a Jesús,
visita:

www.paraservirle.weebly.com

Escribe aquí tus pensamientos y oraciones:

Escribe aquí tus pensamientos y oraciones:

Escribe aquí tus pensamientos y oraciones:

Escribe aquí tus pensamientos y oraciones:

Escribe aquí tus pensamientos y oraciones:

Escribe aquí tus pensamientos y oraciones:

Made in the USA
Columbia, SC
20 November 2024

46969386R00019